JACQUES BOULENGER

ENTRETIEN

AVEC

FRÉDÉRIC LEFÈVRE

PARIS
LE DIVAN
37, Rue Bonaparte, 37

—

MCMXXVI

ENTRETIEN

AVEC

FRÉDÉRIC LEFÈVRE

DU MÊME AUTEUR :

HISTOIRE

Les protestants à Nîmes au temps de l'Edit de Nantes, thèse (*épuisé*). — *Les Dandys* (Ollendorff). — *Le Grand Siècle* (Hachette). — *L'Ameublement français au Grand Siècle* (*épuisé*). — *De la walse au tango* (*épuisé*). — *Histoires vraies* (*épuisé*).

HISTOIRE LITTÉRAIRE

Marceline Desbordes-Valmore (Fayard). — *Ondine Valmore* (*épuisé*). — *Au pays de Gérard de Nerval* (Champion). — *L'Affaire Shakespeare* (Champion). — *Rabelais à travers les âges* (Le Divan). — *Candidature au Stendhal Club* (Le Divan).

ESSAIS

... Mais l'art est difficile ! 3 volumes (Plon). — *Monsieur ou le Professeur de snobisme* (Le Divan). — *Les Soirées du Grammaire-Club,* en collaboration avec André Thérive (Plon). — *Renan et ses critiques* (Editions du Siècle).

ROMANS

En Escadrille (Renaissance du Livre). — *Les Romans de la Table ronde,* 4 volumes, : I. *L'histoire de Merlin l'Enchanteur. Les Enfances de Lancelot.* — II. *Les amours de Lancelot du Lac. Galehaut, sire des Iles lointaines.* — III. *Le Chevalier à la Charrette. Le Château aventureux.* — IV. *Le Saint Graal. La mort d'Artus* (Plon).

EDITIONS

Pantagruel (*édition de Lyon, Juste, 1533*), publié en collaboration avec P. Babeau et H. Patry (*épuisé*). — *Comptes de Louise de Savoie et de Marguerite de Navarre,* publiés en collaboration avec Abel Lefranc (*épuisé*). — *L'Isle sonante par M. François Rabelais,* publiée en collaboration avec Abel Lefranc (*épuisé*). — ARRIEN : *Traité de la chasse,* traduit et publié en collaboration avec Jean Plattard (*épuisé*). — *Paris romantique. Voyage de Mrs. Trollope* (*épuisé*). — *Œuvres de François Rabelais,* édition critique en collaboration avec Abel Lefranc, H. Clouzot, P. Dorveaux, J. Plattard et L. Sainéan. Tomes I à IV (Champion). — *Les Propos rustiques de Noël du Fail* (Bossard).

JACQUES BOULENGER

ENTRETIEN

AVEC

FRÉDÉRIC LEFÈVRE

PARIS

LE DIVAN

37, Rue Bonaparte, 37

—

MCMXXVI

ENTRETIEN
AVEC FRÉDÉRIC LEFÈVRE

I

Voici pourquoi je me suis décidé à publier moi-même le texte qu'on lira plus loin et qui a paru dans les *Nouvelles littéraires* sous la signature de Frédéric Lefèvre.

Un jour, en décembre dernier, Maurice Martin du Gard, l'aimable directeur de cet excellent journal, me dit :

— Vous devriez bien vous décider à donner une *interview* à Lefèvre. Votre livre sur Renan serait un bon sujet d'entretien.

— Si vous voulez, répondis-je.

Là-dessus, il appela Frédéric Lefèvre, qui est son rédacteur en chef, et je pris rendez-vous avec celui-ci.

Je l'avais prié à déjeuner, et j'avais recommandé à ma gouvernante de soigner

les plats : c'est que je voulais obtenir de
lui qu'il me laissât rédiger tout au moins
les parties principales de mes « déclarations ». En effet, je ne suis à l'aise que
la plume à la main : je parle très mal, mon
éloquence est nulle et je n'ai pas d'esprit.
Avancé-je une phrase ? je me demande
aussitôt si j'y ai bien dit ce que je voulais,
et si ce que j'y ai dit est exact, ou méritait
d'être dit ; je souhaiterais de corriger, mais
je ne le puis : alors je rectifie souvent dans
la phrase suivante, qui ne me contente pas
davantage, j'hésite, je tâtonne, et cela donne
beaucoup d'incertitude à mon discours que
je débite pourtant sur un ton d'assurance
destiné à cacher mon inquiétude. Ou bien
encore je m'excite, voire m'irrite, et m'abandonne à un bavardage autoritaire, plein de
véhémence et, à l'occasion, de gaffes. Mais
c'est surtout quand je m'applique, que ça
va mal, car je veux alors trop « en mettre »,
comme on dit : mes propos sont tendus et
pleins d'intentions si subtiles qu'on ne les
démêle pas ; bref, je ressemble à cette
vieille fille que Zola nous montre dans

l'*Assommoir*, ou aux deux tantes du héros de Marcel Proust, dans *Du côté de chez Swann*. Au total, je goûte peu l'art de la conversation, n'y réussissant guère : c'est-à-dire que je ne me plais à causer qu'avec des gens que je connais bien et qui, ayant supporté ce que je leur présente de désagréable au premier abord (ou, par miracle, ne s'en étant pas aperçu), sont devenus des amis auprès desquels on s'abandonne. Mais Frédéric Lefèvre n'en était pas.

Je dois dire que j'avais néanmoins quelque espoir d'obtenir de lui ce que je souhaitais, car je savais que, si certains de ceux avec qui il a eu des entretiens en avaient profité pour lui dicter tout un volume de leurs idées, beaucoup d'autres, qui n'avaient passé qu'une heure en sa compagnie, l'avaient employée à fumer des cigarettes et boire en faisant des pronostics sur le temps du lendemain, après quoi il avait reçu par la poste leurs *interviews* toutes rédigées, demandes et réponses. La plupart n'en font pas mystère ; de plus j'avais vu le manuscrit de l'un d'eux, entièrement de sa main, y comprises les questions prêtées à Lefèvre ; enfin il est facile de reconnaître le style, la manière : par exemple, je mettrais ma tête à couper que, dans l'*Entretien avec Julien Benda*, qui a été « tiré à part » et dont je possède un exemplaire orné d'une aimable dédicace de Lefèvre, il n'y a pas un mot de celui-ci... Hâtons-nous, au reste, d'ajouter que c'est un usage bien légitime, chez les reporters, que d'accepter avec reconnaissance les *interviews* qu'on leur donne ainsi toutes faites. Peut-être Frédéric Lefèvre exagère-t-il un peu en signant de son nom les volumes où il recueille les siennes. Mais cela ne fait de mal à personne, vraiment, et cela lui fait du bien, à lui.

Le déjeuner fut charmant. Mon hôte m'apprit d'abord qu'il n'était pas de ces jeunes écrivains qui se vantent de leur ignorance : « La preuve, ajouta-t-il, c'est que j'ai passé la matinée à la Nationale. » Il me parla aussi de Merlin et de Lancelot du Lac. Il fit paraître un grand souci de la langue française. Puis il m'entretint de ses conférences ; il en fait beaucoup, à ce qu'il m'apprit : « Quand j'ai parlé dans une ville, dit-il, la vente des *Une heure avec* monte. » Je lui demandai s'il avait la parole aisée. « Oui. D'ailleurs, je lis mon discours ou l'ai appris par cœur. Et puis je suis très cabotin. » Et il me raconta quelques effets qu'il avait préparés : par exemple, à une conférence sur Claudel, avant s'asseoir, il reste debout quelques instants, le dos tourné au public, semblant se recueillir, puis il débute par un verset de l'Ecriture sainte. « Cela porte, continua-t-il. Et au fond qu'est-ce que l'éloquence ?... »

Après le repas, il me récita des vers de Vincent Muselli ; ce fut exquis. Alors, voyant que tout allait bien, je me risquai à lui proposer de lui remettre tout cuit son article pour les *Nouvelles*.

— Mais le « chapeau » ? dit-il.

(Car il voulait débuter, selon l'usage, par un petit portrait de moi.)

— Eh bien, je vous donnerai une ou deux anecdotes, et vous les arrangerez.

Ainsi en fut-il. Notre déjeuner avait eu

lieu un vendredi. Le lundi matin, je fis porter au journal l'article promis ; il n'y manquait plus qu'un « chapeau » d'une trentaine de lignes et la signature de Frédéric Lefèvre. Et, le surlendemain, je vins corriger les épreuves...

Quelle ne fut pas ma surprise, lorsque je m'aperçus que mon texte avait été modifié ! Non, n'exagérons rien : cela ne m'étonnait pas tant. Une des victimes de Lefèvre m'avait en effet narré comment, lui ayant envoyé ses déclarations écrites, elle avait été assez indignée de voir qu'une des questions ajoutées après coup formait un réquisitoire adipeux contre un livre d'elle, lequel la trouvait complètement coite, et pour cause ; et que, d'autre part, Lefèvre lui prêtait froidement des propos fort désobligeants pour Paul Valéry, qu'il avait pourtant tenus lui-même (car en ce temps-là il reprochait à l'auteur du *Cimetière marin* d'avoir, en quelque sorte, calé la gloire de Muselli). Quant à moi, Lefèvre, à vrai dire, n'avait pas changé grand chose à ce que j'étais censé lui avoir répondu ; mais il avait ajouté des questions à celles que je lui prêtais, et il avait développé une partie des autres. Je lui demandai pourquoi. Il répliqua qu'il ne trouvait pas la part que je lui avais faite assez belle.

— Voyons ! Vous comprenez qu'avec ma situation... Il faut bien que j'aie l'air de discuter avec vous ! me dit-il en propres termes.

Je n'y aurais pas vu le moindre inconvénient, si ses questions n'eussent été enfantines et néanmoins tendancieuses. Enfantines, dis-je, car les choses dont nous étions censés parler étant pour lui pleines de mystère (ce qui paraît d'ailleurs bien excusable) ; peut-être avait-il été voir quelque personne compétente ; mais en ce cas il s'était mal assimilé les renseignements qu'on lui avait donnés, car il n'énonçait que des idées à la manière de Bouvard et Pécuchet, d'ailleurs sans aucune liaison logique ; et il ajoutait à cela, au petit bonheur, le nom de saint Thomas et les titres de quelques ouvrages peu accessibles, en vue d'impressionner les lecteurs innocents. Je n'aime point cela.

Cela donnait fort mauvais ton à l'article. Puis ces interrogations concordaient mal avec mon texte. Joignez qu'elles portaient en plein sur les premiers principes du thomisme (que Lefèvre croyait en être les plus profonds arcanes) ; or, je m'étais gardé comme de la peste d'aborder ces problèmes de fonds qu'on ne saurait traiter à la légère dans un journal sans un mauvais goût affreux (aimez-vous les discussions de café sur la métaphysique ?). D'où il résultait que je semblais m'être dérobé devant les objections de mon interlocuteur (pourtant primaires et bien propres à faire sourire le plus modeste philosophe), qui, ayant été formulées après les réponses, se trouvaient naturellement sans répliques. Et cela me mettait en fâcheuse posture devant les lecteurs du journal.

Je proposai de rédiger de nouvelles réponses à ces questions-là. Mais cela m'ennuyait cruellement : aussi prétendis-je (avec la plus grande mauvaise foi) qu'il me faudrait tout un jour pour remanier le « papier », et que, par conséquent, il ne pourrait être prêt à temps pour paraître dans les *Nouvelles*. Or, il était annoncé ; puis un journal hebdomadaire ne bouche pas aisément à la dernière heure un trou de cinq ou six colonnes... Comme je m'y attendais, Martin du Gard leva les bras au ciel et déclara qu'il lui fallait l'article sur-le-champ. Lefèvre dut donc en passer par où je voulais : je consentis à conserver ce qu'il y avait de lisible dans ses questions, mais j'exigeai que cela fût à peu près rassemblé en un seul endroit, puis je fis quelques raccords. De la sorte, les questions ne se liaient pas encore trop bien aux réponses ; mais celles-ci gardaient à peu près leur sens.

Une heure avec M. Jacques Boulenger parut ainsi sous la signature de Lefèvre, dans son journal. Il s'était contenté, pour le « chapeau », d'assaisonner de quelques compliments une note que je lui avais remise avec le reste (j'ai ci-dessous supprimé cela). Tel quel, l'article suscita une petite polémique dans les *Nouvelles littéraires* et ailleurs. Puis le temps passa... Je rencontrai une fois Frédéric Lefèvre.

— A propos, me dit-il, il faudra adoucir un peu votre « heure avec », avant de la recueillir dans mon prochain volume...

Je ne fis pas attention à ce propos. Ce n'est qu'au mois de juillet dernier qu'il me revint à la mémoire et que je commençai à m'en inquiéter. « Diable ! pensai-je, est-ce que ce gaillard-là va tripoter mon texte encore une fois ? »... Ne soyons pas injuste : comprenons Frédéric Lefèvre. Il tient à affirmer son catholicisme : c'est sans doute pour cela qu'il voulait se poser en défenseur (naïf) du thomisme (que je n'attaquais point), sans se rendre compte que c'était inopportun. En outre, il est de ce groupe, de ce chœur angélique, pour mieux dire, qui dirige ou aiguille la collection du *Roseau d'or*, dont M. Henri Massis est le coryphée et M. Jacques Maritain le drapeau. Ce parti a lancé avec une merveilleuse adresse *Sous le soleil de Satan*, et Frédéric Lefèvre a beaucoup poussé à la roue, comme c'était son devoir, en publiant au bon moment dans les *Nouvelles littéraires* un pseudo-entretien avec l'auteur et un panégyrique enthousiaste du livre. (Notons, en passant, que ce roman, fruit d'un gros effort et d'ailleurs plein de mérites, mais pénible et d'une substance épaisse, a dû son succès de vente à l'analogie de son titre avec celui d'un ouvrage de M. Georges Anquetil.) Frédéric Lefèvre, lié ainsi au groupe du *Roseau d'or*, ayant là des intérêts peut-être, devait souhaiter que j'atténuasse les critiques que j'avais faites à M. Henri Massis. Mais moi, pouvais-je y consentir, après nos polémiques et quand ces adoucissements eussent passé pour un aveu de défaite ?

J'écrivis donc à Frédéric Lefèvre, qui était absent de Paris, que je n'entendais pas que notre entretien parût en volume, sinon sous une forme arrêtée par moi, et suivi de la réponse de M. Henri Massis et d'un précieux article de Pierre Lasserre. Il répondit à ma deuxième lettre en me faisant remarquer qu'il fallait l'autorisation de ces deux auteurs pour publier leurs plus petits écrits, et ne se chargea pas de la demander, sachant peut-être que je n'obtiendrais pas celle de M. Massis ; quant au respect de mon texte, malgré une troisième lettre, je ne pus obtenir de lui aucun engagement vraiment formel et précis.

C'est pourquoi j'ai repris mon bien. Je n'y ai fait que de légères corrections de forme avant de l'imprimer ci-dessous. Si je parais y tenir, ce n'est qu'à cause de ses suites. N'a-t-il pas amené, en effet, mon ami Pierre Lasserre à publier de nouvelles altérations de textes commises par le « juge » de Renan, lesquelles m'avaient échappé ? Et puis, peu après qu'il eut paru dans les *Nouvelles*, un des maîtres ecclésiastiques de l'Université de Louvain, sanctuaire des études thomistes, ne craignit pas d'envoyer à ce journal littéraire un article dont le dessein secret semble avoir été de désavouer en partie M. Maritain, ou plus exactement de marquer que ses idées n'engagent que lui et que ce n'est pas dans ses livres qu'il faut chercher la doctrine. Personne ne l'ignorait, mais il aura paru que c'était bon à dire. J'aurais bien voulu avoir le droit de reproduire aussi cet article-là.

II

— *J'ai lu vos ouvrages d'avant la guerre,* les Dandys, Marceline Desbordes-Valmore, *dont on annonce la réimpression, est-ce vrai ?*

— Réimpression ? J'ai entièrement refait le livre !

— ... *Votre* Grand Siècle *; je sais que vous avez fait beaucoup d'autres travaux d'histoire et d'érudition technique, et jusqu'à des ouvrages sur le sport, sur la mode. Mais il me semble que, depuis 1919, vous vous êtes orienté autrement.*

— Que voulez-vous ? Lorsque je suis revenu après ces quatre ans de guerre et que j'ai retrouvé mes beaux vieux bouquins, mes fiches, mes objets anciens, etc., tout cela m'a paru mort, complètement mort.

Nous nous étions fait, dans notre petit groupe, une sorte d'idéal d'humanisme élégant, de « dandysme » cultivé : on se réunissait au bar, et il ne s'agissait pas d'ignorer plus la mode des chapeaux de femmes que les hypothèses sur l'auteur des miniatures des Heures du duc de Berry. Le souvenir de Jean de Tinan régnait ; le charmant P.-J. Toulet triomphait. On blaguait la « philophie » et la « pppensée » ; on citait Catulle ; on se battait en duel ; on revenait toujours d'Italie ; on inventait des cocktails ; on discutait sur des points de langage... En 1919, ah ! que tout cela m'a paru fané ! En rentrant chez moi, je croyais arriver au royaume des ombres. Certes, je ne renonçais pas mes maîtres : mon admiration pour France, pour Régnier, pour Gourmont, n'a pas varié et je l'ai exprimée en toute occasion. Mais, d'autre part, songez quel merveilleux mouvement littéraire et intellectuel commençait à s'épanouir : quel renouvellement ! Comment ne pas s'y intéresser passionnément ? Après ces quatre années de com-

pression, c'était comme une explosion.
Certes Péguy, Gide, Claudel, Valéry, Girau-
doux, Proust même avaient débuté depuis
plus ou moins longtemps avant la guerre,
mais (sauf Péguy qu'il faut mettre à part),
les uns n'étaient encore que des dieux de
chapelles, les autres n'étaient pas dieux
du tout ; ce n'est qu'à partir de 1918 qu'ils
ont formé le Panthéon de la jeune littérature et que leur influence a commencé
de régner puissamment.

— *Sur vous ?*

— Oh ! je ne suis pas romancier... Le
seul, parmi ceux-là, qui m'ait influencé
intellectuellement, c'est Proust. Ajoutez
Bergson quand j'avais vingt-cinq ans, naturellement ; puis Julien Benda : son *Belphégor*
et son *Eleuthère* sont des chefs-d'œuvre.
Et jadis j'avais été grandement impres-
sionné par *Le Romantisme français* de
Pierre Lasserre ; c'est un livre qui marque
une date.

— *Vous êtes devenu en 1919 rédacteur
en chef de l'Opinion et vous avez commencé
d'y faire de la critique littéraire. Vos articles,*

soit dans le journal, soit dans vos recueils de... Mais l'art est difficile ! avaient du succès. En 1923, vous avez brusquement renoncé à la critique. Pourquoi ?

— Tout d'abord parce que je tenais à conserver quelques-uns de mes amis. Un critique littéraire n'est heureux que lorsqu'il passe à peu près inaperçu. Sinon, il a régulièrement pour ennemis les auteurs qu'il a blâmés (certains, même, se font gloire de cette haine inélégante) ; puis ceux dont il a parlé en faisant quelques restrictions sur la qualité de leur ouvrage ; enfin tous ceux dont il n'a rien dit et qui le lui reprochent. Quant aux auteurs qu'il a loués sans réserve, ils conçoivent pour lui la plus sincère indifférence.

Mais surtout parce que l'idée qu'on se fait généralement d'un critique littéraire m'exaspérait. Je l'ai dit ailleurs : on le prend couramment pour une sorte de tambour de ville chargé d'annoncer les dernières productions. Dans toutes les enquêtes sur la critique, vous verrez invariablement demander quelles sont les conditions où elle peut être *utile*, où elle peut *servir* la littérature, c'est-à-dire la poésie, le roman, le théâtre. Or, la critique littéraire est, doit être *inutile* et son premier mérite est de ne *servir* à rien, ou du moins de *servir* précisément de la même façon que le roman, la poésie et le théâtre. Elle est un « genre » littéraire comme les autres, voilà tout. Si elle présente quelque utilité ce n'est que celle d'un art.

Qu'est-ce que le critique littéraire ? On veut absolument que ce soit un *juge*, un faiseur de palmarès. Il y a de quoi rire ! Au nom de quoi jugera-t-il ? Au nom de la beauté absolue ? Au nom des Muses ?... Il a donc des liaisons particulières avec elles ? On veut du moins qu'il fasse l'éducation du public, qu'il régente le monde littéraire, qu'il distribue des médailles en chocolat ou des bonnets d'âne... C'est ridicule. Et cette manière qu'on a de juger la valeur des critiques d'après les résultats, en quelque sorte ! Sainte-Beuve s'est « trompé » sur Tel ou Tel, déclare-t-on (entendez qu'il n'a pas eu le même goût

que nous) : d'où l'on conclut qu'il n'est
bon qu'à jeter aux gémonies. Je sais même
un brave homme de romancier, et appar-
tenant à l'Académie Goncourt, qui, un
jour, lui a reproché d'en avoir « mis moins
long » sur Stendhal que sur Balzac : cet
homme-là apprécie la critique au mètre,
apparemment ! Sans doute, un critique
qui se « tromperait » trop souvent, ce serait
une mauvaise note pour lui : c'est qu'il
aurait l'esprit faux, et alors... Mais, de
même qu'une fable est plus intéressante
que sa morale, les considérants, en critique,
le sont plus que la sentence. Et si Sainte-
Beuve eût erré un peu davantage, cela
n'empêcherait pas qu'il ne nous eût apporté
le plus merveilleux trésor d'idées, de
sentiments, — et même de personnages,
car je voudrais bien savoir en quoi son
portrait de Mme de Charrière, par exemple,
imaginé d'après des textes, est inférieur
à n'importe quel portrait de femme « créé »
par un romancier d'après ses propres souvenirs. (L'imagination romanesque n'est
jamais que souvenirs plus ou moins con-

cassés et combinés ; quand il y reste de trop grands morceaux entiers, on appelle cela un roman à clé ; mais, au fond, tous les romans, même *Astrée*, même ceux du père Dumas, sont à clé.)

En somme, le critique prend sa matière dans les œuvres de l'art, comme le romancier prend la sienne dans la réalité ; et ses études, sortes de récits abstraits, peuvent divertir quelques esprits livresques, comme les narrations concrètes d'un romancier divertissent le grand public. Ajoutez qu'il faut que son art soit bien difficile, puisque, pour une vingtaine de grands romanciers et de grands dramaturges, c'est à peine si vous trouverez un grand critique à citer ; vérifiez dans l'histoire littéraire du XIXe siècle et vous verrez. D'ailleurs, rien de plus rare qu'une véritable imagination idéologique ; rien de plus commun, de plus répandu, au contraire, que l'imagination romanesque : je pose en fait que sur dix femmes il y en a au moins une qui est capable d'inventer des romans à la douzaine. Je ne dis pas, bien entendu, de les composer ou de les

écrire, car le talent, c'est autre chose.
Mais, quand on voit tant de malheureux
auteurs mâles, en ce temps-ci, peiner pour
imaginer une historiette, c'est alors qu'on
regrette qu'ils n'emploient pas leurs dons
d'artistes à d'autres besognes que celle
de la raconter.

— *Vous avez écrit un jour que la critique
est une sorte de roman dont les personnages sont
des idées... Je serais assez de votre avis ;
toutefois ne croyez-vous pas que vous exa-
gérez quelque peu ?*

— Je ne vous le cacherai pas une seconde
de plus : j'exagère !... Ou, si cela peut
convenir jusqu'à un certain point à la
petite critique, cela ne saurait aller à la
grande, à celle d'un Taine, d'un Renan.

— *Une chose qui m'a frappé, en effet,
dans votre récent livre sur Renan et ses
critiques, c'est le soin avec lequel vous
établissez que Renan est un « critique »
plutôt qu'un « philosophe » (ne chicanons pas
sur les mots). Sa doctrine métaphysique,
qui n'est qu'une assez vague philosophie
du devenir, un hegelianisme un peu flottant,*

vous semble peu intéressante. « Eut-il, à proprement parler, une *doctrine* métaphysique ? — *vous demandez-vous. — Inspiration* vaudrait mieux peut-être, ou, pour employer sa propre expression, *intuition métaphysique* ». *Il vous apparaît comme un Sainte-Beuve, mais de beaucoup plus vaste envergure. Où il vous semble vraiment grand, c'est dans ses larges et profondes vues sur le passé, le présent, l'avenir de la Société, sur les choses humaines et contingentes. Vous remarquez qu'il a haï tout dogmatisme, qu'il n'a bâti aucun système d'ensemble, qu'il n'a voulu qu'apporter des matériaux bien préparés, et que son œuvre n'est pas un traité, une somme, mais une suite d'essais critiques. On sent que vous êtes très indigné des sévères appréciations qu'ont portées sur Renan MM. Jacques Maritain et Henri Massis.*

— Laissez-moi vous dire que ce qui est devenu un petit livre ne devait être d'abord qu'une étude de revue sur le bel et vaste ouvrage de Pierre Lasserre, la *Jeunesse de Renan.* Comme je la préparais, je pris connaissance du travail de Massis, que je n'avais pas encore lu. Je fus profondément choqué de la partialité de cet essai qui a pourtant été publié dans un volume intitulé *Jugements*. Peu après parurent deux articles de M. Maritain, où l'auteur, après avoir appelé Renan « intelligence faible, le plus médiocre et le plus alambiqué des grands esprits ; mimant l'intellection, *ne la vivant pas* — (à moi *Belphégor !*) — pourri d'artifice et jouant la spontanéité » etc., etc., inventait pour qualifier ses crimes un nouveau vice : « l'historicisme ». Tout cela me parut curieux.

J'ai d'ailleurs relevé dans le livre de Massis des citations de Renan tronquées et altérées. Je dois dire que Massis m'a écrit à ce sujet. Il m'explique que ses inexactitudes sont involontaires ; que l'une est une faute d'impression ; qu'une seconde est le fait d'une erreur de fiche ; il en conteste une autre... Il ne dit rien de la coupure qu'il a fait subir au texte, lequel, cité exactement, ne peut être interprété comme il fait. Après quoi il m'accuse d' « historicisme », moi aussi, car c'est être historiciste que de vérifier des citations. Remarquez — je tiens à le répéter, bien que ce soit peut-être un peu lourd — que je n'insinue nullement que Massis a altéré à dessein les textes authentiques ; je n'ai relevé ces erreurs dans mon livre que pour expliquer comment il a pu prêter à Renan telle thèse enfantine que naturellement l'auteur de *Caliban* n'a jamais soutenue ; puis pour montrer à quoi peut emporter ce que M. Maritain lui-même nomme « l'ascendant de l'esprit métaphysique » ; enfin pour prouver l'utilité pratique de la discipline historique qui enseigne d'abord à respecter les textes et la chronologie.

— *De tout ce débat sur les textes, faute de pouvoir leur donner toutes les explications dans un entretien forcément hâtif, nos lecteurs ne sauraient être juges.*

— C'est en effet à d'autres traits que se dénonce la prévention du « juge » de Renan... Vous voulez un exemple ?

Renan déclare que ce sont des objections historiques et philologiques aux textes sacrés qui lui ont fait perdre la foi. Mais Massis estime qu'on ne peut pas démontrer par l'histoire et la philologie que le miracle en soi est impossible (c'est exact). D'où l'on pourrait conclure, tout au plus, que les raisons de Renan n'étaient pas valables, qu'il a mal raisonné. Mais Massis conclut que Renan est un fourbe et un menteur. C'est exactement comme si l'on condamnait un comptable pour vol parce qu'il aurait commis de bonne foi une erreur d'addition.

Les opinions renaniennes que commande la philosophie du devenir, il les considère, les qualifie comme l'effet de « fléchissements » moraux. Quand Renan obéit le plus clairement à ses principes intellectuels, il affecte de l'ignorer et ne veut voir que l'effet d'une psychologie sinistre. En somme, attribuer à Renan une âme abominable de noirceur et les plus bas motifs moraux parce qu'il est déiste et hegelien au lieu d'être catholique et néo-thomiste, et parce qu'il ne se range pas à l'avis de saint Thomas d'Aquin et de M. Maritain, tel est le procédé *constant* de Massis. Vous en trouverez les preuves dans mon livre.

— *Parlez-moi de l'historicisme.*

— Massis prête à Renan une singulière théorie : c'est que l'histoire, voire la philologie, entendez le simple exposé des faits, la narration chronologique des événements et l'énumération de leurs causes immédiates et accidentelles, psychologiques par exemple, est destinée à « remplacer les pures spéculations philosophiques ». Bien entendu, Renan n'a jamais soutenu cette thèse puérile.

M. Maritain a pourtant créé, pour la nommer, un mot en *isme* : *l'historicisme* : « Une pomme tombe. Pourquoi ? Parce qu'elle est attirée vers la terre selon la loi de Newton : voilà la cause réelle. Parce qu'un coup de vent a passé ou qu'un enfant a secoué le pommier : voilà la cause historique. » L' « historiciste » est celui qui se contente des causes historiques... Eh bien ! je ne sais pas si un penseur digne de ce nom a jamais été « historiciste » et s'il s'est jamais trouvé quelqu'un pour soutenir que l'histoire ainsi entendue pût remplacer les « pures spéculations philosophiques » ; ce que je sais, en tout cas, c'est que, même dans ses écrits de jeunesse (et Massis proclame qu'il a fondé tout son « jugement » sur les ouvrages que Renan a écrits entre vingt et vingt-cinq ans, ce qui est énorme), jamais Renan n'a soutenu un tel enfantillage. Ce qu'il oppose à la « métaphysique abstraite », à la « philosophie *a priori* », c'est une philosophie de l'histoire, une philosophie du devenir... Il est vrai qu'il n'y a pas là de quoi le faire bien venir de nos néo-thomistes, disciples de M. Maritain.

— *Vous savez que M. Maritain n'est pas le premier rénovateur du thomisme.*

Depuis cinquante ans et sous l'impulsion de Léon XIII, de merveilleux historiens comme le P. Mandonnet à qui nous devons cette Introduction aux œuvres de Siger de Brabant qui fait revivre tout le mouvement intellectuel du XIIe et du XIIIe siècles, des philosophes comme le Car-

dinal Mercier, le P. Gardeil, le P. Sertil-
langes, pour ne parler que des pays de langue
française, ont révélé au public la pensée
de saint Thomas. On peut suivre leurs
travaux dans des revues comme la Revue
Thomiste, *la* Revue Néo-scolastique, *la*
Revue de Philosophie *et la* Revue des
Sciences philosophiques et théologiques.
En Sorbonne même, mon éminent ami,
M. Etienne Gilson, révèle chaque semaine à
ses étudiants toute la richesse intellectuelle
de la doctrine thomiste.

Ainsi donc, M. Jacques Maritain, dont je
ne veux ni diminuer ni défendre ici l'atti-
tude intellectuelle vis-à-vis de saint Thomas,
loin d'être le chef et l'initiateur de la renais-
sance thomiste, ne fait que continuer, à sa
manière, l'élan donné depuis un demi-
siècle... (1).

— Mais il va de soi que je n'ai pas la prétention de faire ici le procès du thomisme !
La métaphysique chrétienne suppose une
solution du problème des universaux et

(1) Question rédigée par Frédéric Lefèvre.

des nominaux... Je me contenterai de vous dire que, *humainement*, il y a exactement (à mon sens) autant de raisons de l'admettre que de la repousser, et que je suis absolument persuadé que, lorsqu'on en arrive aux points essentiels et premiers (ou derniers) de la métaphysique ou à ce qui les touche directement, on se décide entre eux selon sa prédilection intime (un catholique emploierait sans doute ici un autre mot que *prédilection*) ; et qu'enfin, comme l'a dit Julien Benda, l'intelligence, c'est alors de comprendre qu'il ne s'agit plus de comprendre, mais de préférer.

Mais vous entendez bien que je ne veux parler que du néo-thomisme de M. Maritain.

— *Je vous affirme qu'il n'y a pas de néo-thomisme distinct du thomisme, mais une renaissance du thomisme à laquelle collabore pour sa part M. Maritain. J'ai lu dans l'ouvrage du P. Mandonnet — que le peu suspect M. Langlois estime être l'historien le mieux informé sur le moyen âge — que le grand mérite et l'originalité de saint Thomas ont consisté, au contraire, à déli-*

miter pour la première fois très nettement l'objet et la méthode propres à la foi, à la philosophie et aux diverses disciplines scientifiques. C'est même pour cela qu'il a pu se rallier à la philosophie du païen Aristote et qu'il a soulevé contre lui tous ceux qui faisaient la confusion que vous semblez reprocher à M. Maritain. Les thomistes n'ont jamais — que je sache — songé à considérer leur système comme un dogme (1).

— Bien sûr ! Qui vous dit le contraire ?... Mais je crois bien qu'en fait, si tous les catholiques ne sont pas néo-thomistes à la façon de M. Maritain (il s'en faut !), les néo-thomistes sont tous catholiques — à part Gonzague Truc pour la conversion duquel une confrérie ou deux prient, paraît-il, en Belgique. Toutefois, on ne saurait dire que le néo-thomisme repose nécessairement sur la religion. M. Maritain fait même observer que c'est à Aristote que l'on doit le premier état de cette philosophie, lequel n'était pas chrétien. Mais Aristote n'avait

(1) Question rédigée par Frédéric Lefèvre.

pas à rompre avec toutes les données de l'expérience et de la science pour penser sa propre métaphysique, comme M. Maritain...

— *Comment « rompre » ? Il n'y a rien de contradictoire entre le thomisme et la science !*

— C'est l'A B C du métier que vous me récitez là, cher ami. Je le sais bien. « La métaphysique » et la science se déroulent sur deux plans différents ; elles ne se rencontrent pas (pas encore, peut-on croire) et ne peuvent se contredire... Mais, de grâce, laissons cela qui est le fonds même, je vous en prie ! Vous ne pensez pas que j'aurais la naïveté de prétendre exposer et encore moins réfuter le thomisme dans une *interview* !

Je me bornais tout à l'heure à avancer que la métaphysique d'Aristote et sa physique s'accordent parfaitement ; que la première se présente comme le couronnement de la seconde ; que toute l'œuvre d'Aristote s'enchaîne nécessairement d'un bout à l'autre ; que c'est une logique. Tandis que M. Maritain reconnaît qu'il y a divorce, rupture, solution de continuité entre sa métaphysique et la science moderne. Voilà tout.

En tout cas, M. Maritain a raison de ne pas croire que « les hautes certitudes de la métaphysique (thomiste) soient aisément accessibles à beaucoup de ceux qui n'ont pas la foi ». Et j'ajoute que, psychologiquement, il semble qu'elles deviennent presque chez lui, comme chez Massis, matière de foi. Leurs conclusions premières semblent, à ces deux bons écrivains, des évidences auxquelles on ne saurait se soustraire sans mauvaise volonté. De là, je pense, leur ton envers Renan et leurs adversaires en général.

Et voyez plutôt, dans le récent essai de M. Maritain lui-même, *Grandeur et misère de la métaphysique*, comment l'auteur répond à quelques objections de M. Ramon Fernandez (ou de M. Louis Rougier ?). On lui dit que la vérité qu'il proclame est devenue aujourd'hui *impensable* et l'argument n'est pas fameux ; mais ce qui est curieux, c'est sa réponse. Si l'intelligence moderne ne cadre plus avec la métaphysique thomiste, dit-il, c'est que trois siècles de discipline scientifique ont fait qu'à cette heure « la pensée se résout, non pas dans l'être, mais dans le sensible lui-même ». Or ce que ses adversaires n'accordent pas à M. Maritain, c'est que les choses *sont* au sens thomiste, c'est l'*être* opposé de la sorte au *sensible*. Pour eux, sa réponse est un cercle vicieux.

Je reconnais d'ailleurs que la philosophie de M. Maritain est vraiment belle. Mais son influence est humainement, pratiquement, dangereuse : elle tend à détourner les esprits de la critique de la science, à les rendre incurieux du monde, à restaurer dans l'âme française l'insouciance des fins pratiques, positives ; et son dogmatisme me semble étouffant.

— *Les applications que MM. Massis et Maritain peuvent faire du thomisme, à l'esthétique par exemple, n'engagent qu'eux. C'est ainsi qu'on ne saurait considérer* Le Roseau d'or *comme un organe de la*

philosophie thomiste. Vous connaissez cer-
tainement ces cahiers mensuels ?

M. Jacques Boulenger prend sur sa table
le plus récent volume de ces Chroniques *;*
il l'ouvre et me lit ces lignes de la préface :

« Les collaborateurs du *Roseau d'or* vou-
« draient aider pour leur part à cette uni-
« verselle ré-invention de l'ordre véritable
« qui s'impose à notre temps, en travaillant
« à rendre à l'intelligence *une conception*
« *du monde conforme à ce qui est...* » Ces
derniers mots, dit-il, engagent ici complètement les collaborateurs de cette publication.

— *C'est une preuve, entre tant d'autres,*
du succès de la philosophie de M. Maritain.
A quoi l'attribuez-vous ?

— Mettons plutôt que c'est une preuve
du succès du catholicisme... Mais vous
me demandez à quoi j'attribue le succès
de la philosophie "maritaine". Je vais vous
le dire. A sa beauté esthétique, tout d'abord,
qui est grande. Songez que cette doctrine
se donne pour le dernier état de la philosophie grecque : quel prestige ! Puis à son

auréole pathétique. Entendez-moi : je ne dis pas qu'elle soit pathétique en elle-même, naturellement ; mais le ton de M. Maritain, sa ferveur, ses appels mystiques, et enfin l'originalité, le tragique isolement, pour ainsi dire, de ses idées au milieu de notre temps sont propres à émouvoir...

— *J'avoue que le côté intellectuel du thomisme me frappe beaucoup plus que sa beauté esthétique ou son « auréole pathétique ». L'édition de la* Somme *pour le grand public, qui est actuellement en cours de publication, obtient — m'assure-t-on — le plus vif succès. Je viens de relire la première partie du* Traité de Dieu *qui paraît dans une traduction du P. Sertillanges ; c'est de l'intellectualité pure, et ma raison y trouve beaucoup plus sa part que ma sensibilité. Je comprends assez mal dans quel sens vous affirmez que le néo-thomisme est goûté parce qu'il émeut* (1).

— Mais voyons ! qui vous parle ici des gens qui étudient le *Traité de Dieu,* des

(1) Question rédigée par Lefèvre, mais abrégée.

philosophes qui se font une opinion critique et raisonnée sur saint Thomas ? Vous me demandez les raisons du succès littéraire et « mondain » qu'obtiennent les ouvrages de M. Maritain, les raisons pour lesquelles cette doctrine est à la mode auprès de ce que Julien Benda appelle, dans son merveilleux petit livre de *Belphégor*, la « bonne société ». Ce n'est pas seulement des œuvres d'art que la « bonne société » de toutes les époques attend « des émotions et des sensations » : c'est aussi des doctrines ; par elles aussi, elle prétend diversifier ses émois. Et dans les ouvrages de M. Maritain, elle trouve sa pâture.

— Ce qui est propre à M. Maritain, c'est son talent d'écrivain, son lyrisme qui lui procure peut-être un succès littéraire mais n'empêche pas un succès de meilleur aloi auprès des philosophes professionnels et des intellectuels en France et à l'étranger. Ce doit être à ce succès qu'il est le plus sensible.

— Mais, sapristi ! je ne vous dis pas le contraire ! Comprenez-moi ! Je ne vous dis pas que Maritain n'est pas un pur philosophe ! Bergson en est un aussi, je pense. Vous n'ignorez pourtant pas que le bergsonisme exerce ou a exercé une grande influence littéraire, « mondaine ». Il commence à en aller de même, actuellement, de la philosophie de Maritain. Pourquoi ? Comment ? Voilà ce que je cherche.

Eh bien, songez à quel point l'audace de cette philosophie doit séduire l'imagination : ne raye-t-elle pas d'un trait de plume tout l'effort métaphysique de plusieurs siècles ?... C'est fort excitant. — Puis elle se donne comme une renaissance, et l'on pourrait presque dire que c'est là pour toute doctrine, la première condition de succès. — Et elle affirme, elle affirme énormément : c'est un catéchisme ; on n'a qu'à suivre... Quel soulagement ! — Elle proclame enfin que l'humble, patient, si peu romanesque effort de la science, depuis des centaines d'années, est sans aucune conséquence, sans aucun intérêt pour le métaphysicien ; elle inspire ainsi le sentiment que les résultats péniblement acquis

de la science sont méprisables pour les
hauts esprits : comme c'est flatteur ! et
comme c'est commode ! et comme, encore
une fois, c'est excitant pour l'imagination !
Toutes les thaumaturgies commencent par
là... Croyez bien que le néo-thomisme
est, pour les neuf dixièmes de ceux qui se
proclament néo-thomistes dans les salons
et les journaux, un objet mystique.

Et il n'est jusqu'aux habitudes de langage de ces écrivains qui ne soient adroites :
par exemple, ils disent toujours « la métaphysique » en parlant de leur métaphysique, comme s'il n'y en avait jamais eu,
comme s'il ne pouvait en exister d'autre ;
ainsi l'on dit « la Revue » en parlant de la
Revue des Deux Mondes. Le ton lyrique,
affirmatif, tranchant, religieux de M. Maritain est fort propre aussi à plaire à notre
temps assoiffé de certitude. Les adversaires
déclarés du néo-thomisme ne sont que des
ignorants, des esprits prévenus, incom-
pétents, incultes, inaptes aux idées — que
dis-je ? des malades, des incurables (« l'in-
curable nominalisme »), des infirmes à qui il

manque un sens, un « don premier » à défaut
duquel il n'est « rien à tenter » et qui est le
« sens de l'être » ; M. Jacques Maritain
nous enseigne tout cela dans le récent essai
dont je parlais tout à l'heure. Le « sens
de l'être », o *Belphégor* !... Et si nous nous
refusons à ingurgiter ce mélange un peu
trouble de mysticisme, d'intellectualisme
et de lyrisme qu'on nous sert comme un
produit « intellectuellement pur », on nous
injurie (lyriquement) et l'on nous reproche
d'être « assis par terre ». Ce n'est pas
agréable ! Mais on n'entraîne pas les cœurs
avec des syllogismes tout nus.

Joignez que M. Maritain a une singulière
prédilection pour les mots techniques et
les néologismes (quiddités, causations, con-
sécutions, etc.) et un art remarquable de
traduire en termes ingénieux jusqu'aux
pensées les plus simples. Si, par exemple,
au lieu de dire : « Le philosophe mesure,
l'artiste crée », vous écrivez : « Celui-ci
épanche dans une œuvre l'esprit créateur, celui-là mesure sur le réel l'esprit connaissant »,
vous conférez à votre texte un grand prestige.

— *On sait que vous êtes puriste !*

— Ah ! cher ami, non, pas ça !... Je ne suis pas puriste, Thérive non plus. Puisque vous avez lu les *Soirées du Grammaire-Club*, ne nous reprochez pas cela ! Remy de Gourmont a écrit le *Problème du style* et l'*Esthétique de la langue française, questions d'art, de littérature et de grammaire* : de quoi l'eût-on accusé, s'il eût vécu de notre temps ! Le purisme consiste essentiellement à vénérer comme des idoles des règles de grammaire : c'est une superstition, une idolâtrie toute semblable à celle des nègres du Congo. Ah ! il y aurait beaucoup à dire sur le langage : « Saint Langage ! », s'écrie Paul Valéry...

Mais, pour en revenir au succès du néo-thomisme, laissez-moi vous dire encore que cette doctrine est très adroitement lancée. Et ne voyez là aucun reproche de ma part à ses managers. Si vous êtes animé de l'esprit catholique, vous ne pouvez vous placer au « point de vue de Sirius » ; les idées ne peuvent vous intéresser en dehors de leurs conséquences.

Or, en fait, en pratique (et c'est cela qui m'intéresse, puisque je ne vous parle en ce moment que du *succès* de M. Maritain), on identifie adroitement la cause du catholicisme et celle de ces idées chrétiennes ; elles sont pourtant si différentes que les trois quarts des penseurs catholiques (et quand je dis les trois quarts !...) sont à cette heure plutôt hostiles à M. Maritain. D'autre part la propagande politique se mêle à la propagande néo-thomiste. L'*Action Française* a pris parti : Léon Daudet proclame, à la première colonne de ce journal, que les philosophes qui ne sont pas thomistes sont des sots ou peu s'en faut... Mais laissons la politique.

— *Parlons-en au contraire. Je voudrais savoir pourquoi vous vous êtes rallié à certain groupement fasciste. Pensez-vous vraiment que la dictature est un bon régime ?*

— Renan souhaitait de vivre sous un bon tyran. Or, nous vivons actuellement sous une tyrannie en formation qui peut devenir parfaite sous un ministère socialiste (1) ; et déjà elle est bien armée : vous connaissez la fameuse loi, votée d'ailleurs sous le ministère Poincaré (sauf erreur), qui permet de poursuivre n'importe qui pour « atteinte au crédit de l'Etat ». Mais cette tyrannie est mauvaise, non pas en tant que tyrannie, mais en tant que tyrannie anonyme, collective, incapable de vouloir, en raison de son origine et de son essence même. C'est cela qui fait son incapacité à rétablir les affaires de l'Etat.

Les élections prétendent exprimer la « volonté du peuple » ; mais la « volonté du peuple » n'est qu'une fiction. Une foule, une masse, de quelque façon qu'elle soit composée, n'a pas de volonté, puisqu'elle n'a pas de raison. On parle du « bon sens populaire », cela ne veut rien dire. Individuellement, chaque Français est doué de bon sens : c'est même une des qualités les plus précieuses qu'il doive à son hérédité. Mais prenez mille personnes pleines de

____

(1) Ecrit, comme le reste, en janvier 1926.

bon sens, assemblez-les, bref faites-en une foule : vous créerez ainsi un être collectif, qui n'aura presque plus d'intelligence, qui sera entièrement soumis aux mouvements de sensibilité les plus spontanés, les plus absurdes, à l'enthousiasme, à la panique, à tous les instincts. Rien de plus ignoble que cet être collectif qu'on appelle une « foule ». Or, nous vivons sous la tyrannie d'une foule.

Les arts les moins élevés dans la hiérarchie intellectuelle sont ceux qui, par définition, s'adressent aux foules : tels le théâtre et l'éloquence. Entendez-moi : je ne prétends pas que l'artiste doive travailler pour satisfaire quelques personnes seulement : au contraire, c'est le propre des grandes œuvres que d'avoir une large audience. Mais le livre, s'il s'adresse à nous tous, c'est en tant qu'individus : il parle à chacun de nous seul à seul, pour nombreux que soit son public, et au moment où nous sommes le plus maîtres de nous-mêmes. Au contraire la pièce de théâtre, et surtout le discours s'adressent à nous en tant que collectivité : ils sont faits pour plaire à des gens assemblés, à une foule ; ils se proposent de toucher, non pas notre *âme individuelle*, pour ainsi parler, mais notre *âme collective*, non pas ce qu'il y a de plus intelligent et de plus fin en nous, mais ce qui s'y trouve de plus grossier et de moins intellectuel : aussi ne cherchent-t-ils pas à faire réfléchir, mais à émouvoir... Et l'éloquence est un art très inférieur à celui du théâtre : l'orateur, en effet, ne se propose pas seulement de plaire à l'âme collective en l'émouvant, mais de l'entraîner à agir dans un sens déterminé. Songez donc aux concessions intellectuelles que l'orateur doit faire et à ce qu'il doit sacrifier sur la raison !

Or, le parlementarisme, c'est justement *la décision des problèmes qui nous importent le plus, confiée à ce qu'il y a de plus absurde : l'âme collective.* Une foule n'a de raison ni de critique, encore une fois ; elle n'a que des sentiments, c'est-à-dire qu'elle est sujette à se laisser mener par ceux qui savent la toucher, la flatter et la séduire. Ce don-juanisme particulier n'a rien de commun avec les facultés propres à un homme d'Etat... Ce n'est pas en raison de ses opinions précises sur la manière de résoudre les difficultés financières, militaires, diplomatiques qu'un député a été nommé ; s'il en avait, soyez sûr que la foule les a embrassées mystiquement et qu'elle en a fait des sentiments. Aussi est-il absurde de croire que la Chambre des députés représente l' « opinion » des Français. Une foule n'a pas d' « opinion ». En tout cas, l' « opinion » d'une foule n'est nullement l'addition des opinions des individus qui la composent, et celles-ci ne sauraient s'exprimer par des élections.

Quant à ces députés mêmes, voyez ce qu'en fait notre régime. Individuellement, ils peuvent être intelligents et ils pourraient être utiles. Mais c'est en tant que foule, et la plus passionnée des foules, qu'ils seront appelés à décider, à la Chambre, des questions vitales de notre pays. S'il est un problème particulièrement délicat, est-ce au moins à quelque personnage compétent que l'on confiera le soin de

l'élucider ? Pas du tout ! c'est à une cin-
quantaine, plus ou moins, de « compé-
tences » réunies en commission, c'est-à-dire
à une collectivité encore, dont le niveau
intellectuel sera nécessairement inférieur à
celui de la plupart des individus qui la
composent... Quelle absurdité !

Beaucoup de Français commencent d'ailleurs à comprendre que le parlementarisme est, à tout prendre, un régime de
luxe et que leur pays ne peut se payer ce
luxe en ce moment-ci. Ils se disent que le
redressement financier, les économies qu'il
comporte, la réforme monétaire, le réajus-
tement des impôts, tout cela ne pourra
être fait rapidement, complètement et aux
moindres frais que par une dictature finan-
cière. Les socialistes eux-mêmes, remar-
quez-le, ne proposent rien autre que la
dictature d'un groupe (mauvaise à cause
de cela même, je l'ai dit). Et remarquez
encore que la dictature est dans la plus
pure tradition républicaine : les républiques
de l'antiquité y ont toujours recouru dans
les moments de danger.

— *Alors une dictature, un chef non contrôlé ?*

— Qu'entendez-vous par « contrôlé » ? Nous ne voulons pas pour chef d'un président de soviet. Aucune « affaire », quelle qu'elle soit, ne marche qu'à la condition d'être menée par un chef responsable. Mais, à côté du Chef, la Représentation nationale. Quand le Parlement a été introduit chez nous, on n'avait pas idée des difficultés économiques et autres où l'Etat doit aujourd'hui faire face Au reste, le régime parlementaire est l'expression de l'esprit de la bourgeoisie : nous ne voulons pas du règne politique des bourgeois, non plus, au reste, que de celui des nobles, ou de celui des ouvriers. Cette conception des classes sociales nous semble périmée. Nous voulons une représentation assise sur d'autres bases, sur une nouvelle organisation économique : les diverses branches de la production formées en corporations, comprenant tous les intéressés, depuis l'apprenti jusqu'au directeur suprême ; puis des groupes régionaux : et tout cela collaborant avec les délégués de l'Etat à l'aménagement du pays, à l'ajustement des intérêts nationaux et des intérêts individuels, à fixer le bénéfice et le salaire équitables... Il m'est difficile de vous exposer cela en quelques mots : d'ailleurs, le beau livre de Georges Valois sur la *Révolution nationale...*

— Arrêtez, cher ami ! Ici nous disons : pas de politique, mais littérature d'abord et toujours. C'est notre façon d'être des hommes d'ordre !

III

Cette conversation avait paru dans les *Nouvelles littéraires* du 16 janvier. Le numéro suivant de ce journal publia une réponse de M. Henri Massis que la loi ne m'autorise pas à reproduire et qu'à mon vif regret je dois donc me contenter d'analyser. J'en citerai le plus possible.

M. Henri Massis commence par constater que, dans mon ouvrage de *Renan et ses critiques*, j'ai relevé, parmi les nombreuses citations que contient son étude sur Renan (*Jugements*, tome I), « deux erreurs de texte » (1). Il reconnaît qu'il m'était impos-

______

(1) J'ai en effet relevé dans l'étude de M. Massis deux citations faussées. J'y ai relevé aussi une date

sible de les montrer au cours d'une conversation. Mais M. Massis veut mettre sous
les yeux des lecteurs « les pièces du procès ».
Les voici, telles qu'il les donne (incom-
plètes), avec sa défense :

« *A la page* 113 *de* Renan *et ses critiques,*
M. Jacques Boulenger, selon le procédé en
usage, dispose sur deux colonnes les textes
suivants :

Renan cité par Massis	Texte authentique de Renan
L'histoire est la vraie philosophie de	*L'histoire,* non pas curieuse, mais théo-

inexacte, sur laquelle il fonde une grave accusation
contre Renan. Dans la réponse qu'on va lire,
M. Massis s'efforce de se justifier. Mais M. Pierre
Lasserre, à son tour, a signalé d'autres « erreurs »
de M. Massis. Et tant de citations altérées, qui
toutes servent à étayer des attaques contre Renan,
cela ne laisse pas d'être inquiétant. J'ajoute que
ces critiques de texte, auxquelles M. Massis va
s'efforcer de répondre, ne sont qu'une partie de mes
objections à son ouvrage. Des autres, que j'ai déve-
loppées dans mon livre et auxquelles j'ai fait
allusion dans l'entretien qu'on vient de lire, il
ne dit quasi rien.

notre temps... La Révolution, qui, depuis 1820, a changé complètement la face des études historiques ou pour mieux dire, qui a fondé l'histoire, est un fait aussi important que l'apparition de quelque nouveau système.

rique, de l'esprit humain, telle est la philosophie du XIXe *siècle... La révolution, qui, depuis 1820, a changé complètement la face des études historiques ou pour mieux dire qui a fondé l'histoire parmi nous, est apparemment un fait aussi important que l'apparition de quelque nouveau système.*

« *Et voici le commentaire* (1) *dont M. Jacques Boulenger accompagne ces textes parallèles :*

« *Le mot de* Révolution *a un sens parti-* « *culier lorsqu'il est écrit avec une majuscule :* « *il signifie alors la* Révolution *française.* « *Renan entendait seulement parler du chan-*

(1) Plus exactement le *début* de ce commentaire.

« *gement qui s'est brusquement produit dans*
« *les sciences historiques au* XIXe *siècle. Mais*
« *Massis considère que la Révolution est une*
« *des manifestations du romantisme : comme*
« *il lui serait précieux de voir ce Renan, dont*
« *il veut faire le type même du* « *romantisme*
« *de l'intelligence* », *témoigner que c'est l'es-*
« *prit de la Révolution qui a donné un nouvel*
« *essor à ces haïssables études historiques !*
« *De là, sans doute, cette erreur de* Révolution
« *pour* révolution (1). »

Là-dessus, qu'ai-je donc à répondre ? Eh !
*bien, voici :l'*R *majuscule de révolution est*
purement et simplement une faute d'impres-
sion qui se retrouve jusqu'à la 18e *édition*
du tome I de Jugements. *Et pour preuve de*
ce que j'avance ici, je me permets de ren-
*voyer à mon cours sur l'*Histoire, philosophie
du XIXe *siècle, fait, en* 1922, *à l'*Institut d'Ac-
tion française et publié dans la Revue *de cet*
Institut (2e *année, n*^o 10, *page* 413). *La capi-*
*tale n'y est point, l'*R *de révolution est ré-*

(1) J'ajoute dans mon livre qu'elle est « sans
grande importance. »

duit à son humble mesure. Mais quel parti M. Boulenger ne tire-t-il pas aussitôt d'une simple coquille et quelle malice ne lui faut-il point pour déceler des intentions si perverses sous un signe typographique égaré de sa casse : « Massis considère que la Révolution est une manifestation du romantisme ; comme il lui serait précieux de voir Renan, etc... De là sans doute cette erreur de Révolution pour révolution... » Voilà le type même de l' « interprétation tendancieuse ». Car rien dans ce qui suit ou précède les pages que vise M. Boulenger, rien n'autorisait une telle exégèse. Nulle part, je n'incrimine la Révolution de 1789, et c'est en vain que je cherche ce qui a pu conduire M. Jacques Boulenger à l'introduire dans l'affaire (1).

(1) Il n'y a pas la moindre « interprétation tendancieuse » dans mon commentaire. On sait que M. Charles Maurras et son école admettent que le romantisme est un effet de la Révolution, ou réciproquement (cela peut en effet fort bien se soutenir). M. Massis, rédacteur en chef de la *Revue universelle*, n'appartient-il pas à l'école de Maurras ? Ne considère-t-il pas que le romantisme et la

*Au reste, pour un lecteur non « prévenu » :
« La Révolution qui, depuis 1820, a changé
complètement la face des études historiques »,
avec sa majuscule insolite, cela n'a aucun
sens, ou ne peut avoir celui que M. Boulenger
trouve précieux d'y voir (1). »*

M. Massis constate d'ailleurs que j'ai
écrit dans mon ouvrage que cette erreur
était « sans grande importance ». Mais en
voici une autre (qui se rapporte au même
fragment). Je cite à nouveau l'article de
M. Massis :

Révolution sont liés ? Il est donc fort naturel, pour
expliquer son erreur, de lui prêter la psychologie
que j'ai dite.

(1) En fait, depuis 1820 environ, la face des
études historiques a été changée par l'apparition
de nos plus grands historiens français, qui sont
romantiques et donc, selon l'Action française,
animés de l'esprit de la Révolution... Cela n'a
pas de sens ?

Texte cité par Massis	Texte cité par M. Boulenger
L'histoire est la vraie philosophie de notre temps.	*L'histoire*, non pas curieuse, mais théorique de l'esprit humain, *telle est la philosophie du* XIXe *siècle.*

M. Jacques Boulenger, en se référant à cette phrase qui se trouve à la page 132 de l'Avenir de la Science (1), a le dessein d'établir de façon positive que j'ai faussement interprété la pensée de Renan. Je pourrais lui répondre, s'il ne s'agissait que de l'exactitude matérielle d'un texte, en le renvoyant à la page 271 du même ouvrage. On y lit, en effet : « L'histoire est la vraie philosophie du XIXe siècle. Notre siècle n'est pas métaphysique. Il s'inquiète peu de la discussion in-

(1) Non seulement à cette phrase, mais à beaucoup d'autres : voir *Renan et ses critiques,* p. 115-118.

trinsèque des questions (1). » *Je pourrais, dis-je, me prévaloir de ce texte et de son contexte et l'opposer à mon contradicteur. Mais ce petit jeu ne démontrerait rien. Et M. Boulenger entend bien démontrer quelque chose. Il l'a dit, en ces termes, à M. Frédéric Lefèvre : « M. Massis prête à Renan une singulière théorie : c'est que l'histoire et la philologie(2), entendez le simple exposé des faits,*

(1) Ce passage de l'*Avenir de la Science* (pp. 271-272), Renan l'a repris douze ans plus tard dans son étude sur Victor Cousin (*Essais de morale et de critique*, p. 82-83) : « *Le grand problème de ce siècle, ce n'est ni Dieu, ni la nature, c'est l'humanité. Or les vraies sciences de l'humanité sont les sciences historiques et philologiques...* L'histoire, je veux dire l'histoire de l'esprit humain est, en ce sens, *la vraie philosophie de notre temps. Toute question* de nos jours dégénère forcément en débat historique, toute exposition de principes devient un cours d'histoire. Chacun de nous n'est ce qu'il est que par son système en histoire. » (Note de M. Massis.) L'*hegelianisme* de Renan étant donné, M. Massis ne peut ici que faire semblant de ne pas comprendre que tout le débat est sur le sens accordé par Renan au mot *histoire*. Voir mon petit livre, *loc. cit.*

(2) Voici encore un bon exemple de ce don

la narration chronologique des événements
et l'énumération de leurs causes immédiates
et accidentelles, psychologiques, *par exemple,*
est destiné à remplacer les « pures spécula-
tions philosophiques ». Bien entendu, Renan
n'a jamais soutenu cette thèse puérile. »

Aussi bien ne la lui ai-je jamais prêtée.
Pour me l'imputer à blâme, M. Jacques Bou-
lenger qui se flatte de savoir « vérifier les
textes », prend avec les miens les plus étranges
libertés. Il n'est, pour s'en convaincre, que
de lui faire subir l'épreuve qu'il m'a jusqu'ici
réservée.

d'inexactitude qui est naturel à M. Massis. J'ai dit,
au juste : « ...C'est que l'histoire, *voire* la philologie,
entendez », etc. Et tout le monde comprend bien
que les mots qui suivent : « entendez le simple
exposé des faits, la narration chronologique des
événements », se rapportent, non pas à *histoire,*
mais à *philologie* seulement. Ce que je me suis
appliqué à démontrer, dans le chapitre de mon
petit livre qui a fait naître ce débat, c'est que Renan
fait entre l'*histoire* et la *philologie* une distinction
capitale que M. Massis n'a pas aperçue, Et l'on
voit dès maintenant qu'il ne l'aperçoit pas encore !
On le verra mieux tout à l'heure. Alors que peut-il
rester de son argumentation ?

JUGEMENTS, *cité par M. Boulenger*, page 111 :

L'histoire, fait dire M. Massis à son auteur (p. 61-62), est la « philosophie même, la seule explication possible » du « réel », et la philologie, « par ses recherches objectives, est destinée à remplacer les pures spéculations philosophiques »...

Texte de Jugements, p. 61-62 : « Identifiant la science de l'esprit humain et l'histoire de l'esprit humain, *Renan affirme la prétention de l'histoire à être une philosophie, une explication du réel, bien plus la philosophie même, la seule explication possible :* « Il faut renoncer, dit-il, à la tentative de la vieille école de construire la théorie des choses par le jeu des formules vides de l'esprit. Pas de philosophie, sans érudition historique... » A l'en croire, science, art, philosophie ne sauraient plus avoir de sens en dehors du point de vue historique,* c'est-à-dire « du point de vue du genre humain. Or la philologie est précisément, dit-il, la science des produits de l'esprit humain, la science exacte des choses de l'esprit ;

elle est aux sciences de l'humanité ce que la physique et la chimie sont à la science des corps ; *par ses recherches objectives, elle est donc destinée à remplacer les pures spéculations philosophiques* (1). »

*Que me reprochait M. Jacques Boulenger ? D'avoir mutilé un texte de Renan, d'avoir « remplacé par des points de suspension » tout un passage où l'auteur de l'*Avenir *définit ce qu'il entend par* histoire *et par* philologie, *de croire et de faire croire que ces mots, pour Renan, ne signifiaient rien d'autre que* « le simple exposé des faits, la narration chronologique des événements, l'énumération de leurs causes immédiates et accidentelles (2), etc.», *et du même coup d'avoir trahi la pensée de mon auteur. Or ces définitions renaniennes de l'histoire et de la philologie se trouvent précisément dans ces phrases que M. Boulenger a supprimées pour me*

(1) En quoi donc mon *résumé* est-il inexact ? — En outre, Renan n'a nullement dit que la *philologie* est destinée à remplacer les pures spéculations. Il a dit : l'*histoire.*

(2) Mais non ! Voir la note 2, p. 61.

reprocher plus aisément de les méconnaître (1).
Pour Renan, la philologie ou « la science historique et critique de l'esprit humain », c'est le « rationalisme » ; son « système » en histoire, c'est « la philosophie du devenir ». Je le dis expressément dans les pages 57 et

(1) Pas le moins du monde. M. Massis n'entend pas plus ce que je lui reproche que ce que veut dire ici Renan. Je l'ai exposé dans mon volume, et vraiment c'est si simple qu'il faut de la bonne volonté pour ne pas le comprendre. Je lui reproche, encore une fois, d'avoir ignoré la distinction que Renan fait entre l'*histoire* et la *philologie*, alors que cette distinction est pourtant suggérée dans les phrases qu'il a supprimées, comme on peut s'en assurer. Elle est d'ailleurs clairement exposée en divers autres endroits de *L'Avenir* (voir pour tout cela mon petit volume). Pour Renan, l'*histoire* est une interprétation (nécessairement philosophique) des résultats de la *philologie*, science préparatoire qui a pour objet d'établir critiquement les « faits historiques » sans rien conclure au delà. Faute de concevoir nettement cette distinction, pourtant élémentaire, et confondant perpétuellement *histoire* et *philologie*, M. Massis trahit à chaque instant la pensée renanienne. C'est ce qui enlève tout intérêt à son argumentation, laquelle porte à faux dès le principe.

59, 70 à 76 de mon livre. M. Boulenger ne fait allusion qu'à ma critique générale de l'histoire (p. 63-66) ; encore l'entend-il mal ; elle ne s'applique à Renan que dans la mesure où l'auteur des Origines du christianisme *affirme que « les sciences historiques ne diffèrent en rien par leurs méthodes des sciences physiques et mathématiques » et où il transfère à l'histoire, qui ne porte que sur des faits individuels et contingents, le principe même des sciences de la nature : « Dans l'ordre des faits, dit-il, ce qui n'est pas expérimental n'est pas scientifique. » Et c'est pour conclure : « Voilà la loi sans laquelle toutes nos recherches sont vaines, et sans laquelle, en particulier, toutes les sciences historiques sont frappées de stérilité. » (*Questions contemporaines, *p. 223-224.) Or ce caractère expérimental de la science inductive est contraire, par définition, à la nature et aux possibilités de l'histoire, en tant qu'elle a les* faits humains *pour objet* (1).

(1) C'est une autre question. Je ne puis, pour cette discussion et l'erreur initiale qu'elle comporte, que renvoyer à mon volume, p. 111-121.

Mais M. Boulenger me répondra que « le jeune auteur de l'Avenir de la Science prêtait aux prétendues sciences philologiques une importance exagérée, comme il l'a formellement reconnu par la suite ». Or les textes que je viens de citer se trouvent dans les Questions contemporaines *(1868) ; ils sont postérieurs de vingt ans à la « thèse excessive » de l'Avenir (1848) que M. Boulenger me reproche de donner comme l'*opinion *de Renan. « Massis, a-t-il dit à M. Frédéric Lefèvre, proclame qu'il a fondé* tout son *jugement sur les ouvrages que Renan a écrits entre vingt et vingt-cinq ans, ce qui est énorme. » Et la chose, en effet, risquerait de l'être, si le grief était exact. Une* partie *seulement de mon étude se réfère à ces textes juvéniles et en particulier à l'Avenir de la Science. J'en ai dit les raisons (Jugements, t. I, p. 59 et 60 (1). C'est en effet sur ce stock*

---

(1) Ce n'est pas « une partie », c'est presque toute l'étude de M. Massis qui porte sur les ouvrages juvéniles de Renan. Il le déclare lui-même, non point p. 59 et 60, mais p. 15 et 16, où il explique

*d'idées que Renan devait vivre, « émondant »,
« émoussant sans cesse sa pensée », épurant
ce qu'avait d' « agressif » le « sectarisme » de
sa première manière : « Dans mes écrits
destinés aux gens du monde, dit-il, j'ai dû
faire beaucoup de sacrifices à ce qu'on appelle
en France le goût. » Mais il ajoute au même
endroit (Avenir, préf., p. VII) : « Autant,
sous le rapport de l'exposition, j'ai modifié,
à tort ou à raison, mes habitudes de style,
autant pour les idées fondamentales j'ai peu
varié depuis que je commençais de penser
librement. » Voilà qui suffirait à légitimer
l'usage que j'ai fait du gros ouvrage de sa
jeunesse. Si Renan l'a relégué pendant
quarante ans « au fond de ses tiroirs », il
n'a cessé d'ailleurs de le « débiter en détail ».*

que c'est seulement à eux qu'il faut se reporter
« pour connaître sa vraie nature, la saisir dans son
ensemble et dans sa pente ». Et en effet, son étude
ne se réfère guère qu'à eux : c'est, je le répète,
à peu près comme si l'on jugeait Victor Hugo d'après
ce qu'il avait écrit avant 1828 : les *Odes et Bal-
lades, Han d'Islande, Bug Jargal* et *Cromwell*, sous
prétexte que tout son art est là en germe.

D'où l' « embarras » qu'il éprouva en le faisant paraître en 1888. Ce qui causait sa gêne, dit-il dans la préface, « c'étaient les ressemblances qui ne pouvaient manquer de se remarquer entre certaines pages du présent volume et plusieurs endroits de mes écrits publiés antérieurement. Outre le fragment inséré dans la Liberté *de penser, qui a été reproduit dans mes* Etudes contemporaines, *beaucoup d'autres passages ont coulé, soit pour la pensée seulement, soit pour la pensée et l'expression, dans mes ouvrages imprimés, surtout dans ceux de ma première époque. J'essayai, d'abord, de retrancher ces doubles emplois ; mais il fut bientôt évident pour moi que j'allais rendre ainsi le livre tout à fait boiteux. Les parties répétées étaient les plus importantes. » Et ce sont celles-là mêmes auxquelles M. Boulenger me reproche d'attribuer une valeur « exagérée » que Renan a surtout reproduites ; j'en ai donné des exemples* (1).

(1) Mais non, M. Massis ne s'est pas servi surtout des « parties répétées ». Il ne s'est nulle-

Mais plus tard, Renan n'a-t-il pas « rabattu beaucoup de sa foi dans la philologie ? » me dira M. Boulenger ; et il me citera des textes de la vieillesse de Renan (et celui-là entre autres que j'ai inexactement daté ; op. cit., p. 118-120) (1). Nul besoin d'attendre que Renan ait 65 ans pour le voir apporter un correctif à sa « pensée d'homme

ment soucié de savoir si les fragments qu'il citait, au moins une centaine, l'avaient été. Il a simplement puisé dans l'*Avenir de la Science* et les *Cahiers* presque tous les textes sur lesquels il fonde son « jugement » de Renan : simples recueils de notes de jeunesse et livre de début, de premier jet, touffu, sorte de monstre (au dire de l'auteur lui-même), où il n'est que trop aisé de relever des contradictions et des allégations imprudentes. Renan a utilisé par la suite certaines des idées qu'il contenait. Mais il n'a publié l'*Avenir* intégralement qu'à titre de document sur la jeunesse de son temps : il le déclare formellement.

(1) « Inexactement daté », l'expression est insuffisante. Non seulement M. Massis l'a inexactement daté, mais il s'en est servi pour accuser Renan de contradiction, presque de mauvaise foi, négligeant d'indiquer qu'il était postérieur de *quarante ans* au passage dont il était rapproché !

de 25 ans ». *Dans ce même* Avenir de la Science *où il fait de l'histoire une « géométrie inflexible » où, en certaines pages, il assigne aux sciences historiques une portée indéfinie, en d'autres il ne craint pas de se contredire — les contradictions ne gênent guère cette tête hégélienne. C'est ainsi qu'il reconnaît, par exemple, que les vérités de la science rationaliste et critique* (1) *ne sont que « de délicats aperçus, des vues fugitives et indéfinissables, des manières de cadrer sa pensée plutôt que des données positives, des façons d'envisager les choses, une culture de finesse et de délicatesse plutôt qu'un dogmatisme positif » (p. 54). C'est ce ton-là qui dominera dans la dernière manière de Renan ; mais pour rare qu'il soit dans l'*Avenir de la Science, on l'y perçoit déjà. Et il y aurait un curieux travail à faire, bien propre à tenter un chartiste tel que M. Boulenger, et qui consisterait à affronter les mêmes*

(1) Ici, il s'agit des vues de l'*histoire*, non de celles de la *philologie* critique et rationaliste. Cela ôte quelque chose à la « contradiction ».

pensées de Renan, aux diverses époques de sa vie, sous leurs changeantes apparences, dans les différents « cadres » où il les a placées. On les découvrirait toutes préformées (1), dès l'Avenir de la Science, qu'il écrivit environ sa vingt-cinquième année ; cela ne s'explique guère, génie mis à part, que par une constante psychologique *qui est précisément ce que je me suis efforcé de découvrir et de mettre en lumière (2). N'est-ce pas l'intention même de mon analyse que M. Boulenger méconnaît, lorsqu'il me reproche d'emprunter trop de traits à cet ouvrage de jeunesse dont Renan, au déclin de sa vie, aimait encore la « franchise » et la « parfaite sincérité » jusqu'à la regretter. Elles sont donc, ces pages juvéniles, particulièrement précieuses pour*

(1) Comment M. Massis le sait-il puisque le travail qu'il veut bien me conseiller n'est pas fait ? Je pense bien que certaines se trouveraient « préformées » dans l'*Avenir*, mais toutes !

(2) Contentons-nous de remarquer modestement que, le travail n'étant pas fait, la conclusion que M. Massis en tire est peut-être prématurée légèrement.

le psychologue et le critique. Car bien qu'en dise M. Boulenger, il n'y a pas que les méthodes de la chronologie et de l'histoire qui permettent de connaître la pensée renanienne. La psychologie de l'homme est, elle aussi, féconde en découvertes : ses premiers écrits l'éclairent singulièrement (1).

Mais je n'en finirais pas de relever les altérations que M. Jacques Boulenger fait subir à mon exposé, comme à mon jugement de Renan. Parlerai-je à mon tour de « partialité », voire de « malveillance » (2) ? J'entends bien que ma thèse lui est hostile ; il ne s'agissait pas d'y souscrire, mais de la résumer de façon moins « unilatérale » ; pour le reste, il est trop sûr que nos « principes intellectuels »

(1) Quand il est tout d'une pièce, ô Massis ! et ce n'est pas le cas de Renan. — D'ailleurs, pour connaître la psychologie d'un homme d'après ses écrits, ne faut-il pas dater, classer, critiquer ceux-ci, et recourir, par conséquent, à la chronologie et à la philologie ?

(2) J'ai accusé M. Massis de partialité envers Renan. Il aurait tort de se figurer que notre situation réciproque est en rien comparable à la sienne vis-à-vis de Renan.

— *car j'en suppose à M. J. Boulenger* (1) — *sont nettement antagonistes. Sans doute y aurait-il de l'intérêt à les affronter, s'il s'agissait ici d'une discussion d'idées. Mais M. Boulenger n'a que raillerie pour qui subit « l'ascendant de l'esprit métaphysique ». Loin d'y voir la démarche d'une intelligence qui se soumet au réel et au vrai, il la soupçonne d'orgueil et de fatuité* (2). *Là où il aperçoit quelque consistance intellectuelle, il se scandalise et accuse les gens de répéter des formules paresseuses, ne comprenant pas que la fermeté de l'intelligence lui vient de son adhésion à l'objet et que la plus grande paresse, c'est de refuser les contraintes de l'évidence.* »

Le reste de la lettre ne contient plus que des accusations contre moi. M. Massis me reproche de « demeurer dans un éclectisme

(1) Merci. Cela me fait grand plaisir.
(2) Non du tout : je la soupçonne simplement de passion et de manquer de critique. Un esprit véritablement intelligent, c'est-à-dire libre, ne subit aucun « ascendant », ne se soumet à aucun prestige.

élégant », d'éviter « toute philosophie », de
ne rien entendre aux idées les plus simples,
de n'être « pas à l'aise dans la dialectique
intellectuelle » (1). Il assure que je n'ai eu
d'autre but dans mon ouvrage que de
« prouver l'utilité de la discipline historique qui enseigne, d'abord, à respecter les
textes » (2) ; que d'ailleurs j'ai déformé ou
altéré les siens (et il ajoute qu'il l'a montré)
et qu'en tout cas je n'y ai rien compris (3).
Enfin, pour bien prouver que, lui, il entend
ceux qu'il lit, il déclare, en faisant allusion
au début de l'entretien qu'on a lu plus

----

(1) J'avais justement signalé dans mon entretien
avec Frédéric Lefèvre le ton de dédain de M. Maritain et de M. Massis envers leurs adversaires en
général. C'est qu'ils croient n'énoncer que des
évidences. M. Massis vient au reste de l'avouer.
(2) J'ai dit que l'exemple des « erreurs » ou
altérations de textes commises par M. Massis,
« contempteur de l'histoire, nous fait paraître,
justement, l'utilité de la discipline historique ».
Il paraît assez que je n'ai pas eu pour seul but
dans mon livre de démontrer cela. Car il ne
comporte que quelques pages sur M. Massis.
(3) Voir la note 1.

haut, que j'entends la critique « comme un
art inutile », *qui ne sert à rien*, sinon à se
faire des *ennemis* (1). Et termine en affir-
mant qu'il n'a contre moi « aucun ressen-
timent ». (C'est ce que le ton de sa réplique
fait bien apercevoir.)

(1) J'ai dit au début de l'entretien précédent,
comme on peut s'en assurer, non pas que la critique
littéraire n'a point d'utilité, mais qu'elle n'en a
point d'immédiatement pratique, et que « si elle
présente quelque utilité, c'est celle d'un art » seulement. Mais M. Massis a une sorte de génie de
l'inexactitude. La question est de savoir si ce génie
est tout à fait inconscient.

IV

Les lecteurs des *Nouvelles littéraires*, après avoir avalé ce « papier » où M. Henri Massis noyait si bien le poisson dans une sauce indigeste, ne se souciaient pas d'une réplique du même poids. C'est ce que Maurice Martin du Gard me fit entendre lorsque j'allai lui parler d'un nouvel article. Il avait bien raison !... Je me contentai donc du court billet suivant qui parut le 30 janvier :

25 janvier.

Mon cher Directeur,

On a rarement vu, je pense, affirmations plus audacieuses que celles que contient l'article de M. Henri Massis sur mon petit livre,

Renan et ses critiques, *que vous avez publié dans votre dernier numéro.*

M. Massis prétend que j'ai mal traduit un passage de son « jugement » de Renan — et son texte même, qu'il cite intégralement, montre au contraire l'exactitude rigoureuse de mon résumé, où j'ai reproduit jusqu'aux termes de sa propre conclusion.

Il prétend que j'ai déformé sa pensée et renvoie pour le prouver à certaines pages de son ouvrage. Or, dans ces pages, on ne trouve pas un mot de ce qu'il affirme y avoir dit — à moins de solliciter les textes, naturellement (et encore !...)

Je laisse aux lecteurs des Nouvelles Littéraires le soin de s'en assurer par eux-mêmes.

Je n'avais pas voulu insister sur la façon dont M. Massis altère et tronque, à l'occasion, les fragments de Renan qu'il cite, et entre guillemets. Il s'en excuse en expliquant que ce sont des erreurs. Soit. Mais voici qu'on me signale plusieurs autres erreurs du même genre : et cela commence, il me semble, à donner au procédé de M. Massis un caractère singulier.

Reste « la philosophie ». Certes, M. Massis a bien raison de me reprocher de n'y pas être « à l'aise » autant que lui... Qu'il demeure, répétant de son mieux la leçon de son maître, confortablement installé dans son rond dogmatique — j'allais écrire dans son ron-ron. Si c'est là ce qu'il appelle « comprendre », je me consolerai aisément de me voir rangé par lui — avec Renan — parmi les gens qui ne comprennent rien.

Je fais appel à votre courtoisie pour insérer cette lettre et je vous prie de croire, mon cher Directeur, à mes sentiments les meilleurs.

« On me signale plusieurs autres erreurs du même genre », disais-je. J'avais en effet rencontré Pierre Lasserre qui, peu amateur des procédés de M. Massis envers Renan, m'avait annoncé la publication d'un article où il devait en relever quelques-uns. Cet article a paru dans l'*Avenir* du 1er février 1926. On y trouve signalés et qualifiés comme il convient, non seulement les « calomnies » de M. Massis au sujet de la conversion de Renan, mais encore une erreur de date (encore !), grâce à laquelle le « juge » accuse sa victime de « sacrilège », et enfin un texte inventé de toutes pièces par lui, qui met Renan dans une attitude réellement odieuse. Cela paraît presque inouï : il en est pourtant ainsi. — J'ai demandé à Pierre Lasserre, qui me l'a accordée, la permission de reproduire son bel article ; il sera la meilleure conclusion de ces remarques :

AUTOUR DE RENAN
LE DÉBAT JACQUES BOULENGER-
HENRI MASSIS

Il y aurait de ma part modestie excessive et paradoxale à ne pas oser trouver un livre bon parce que j'y suis généreusement loué. Le prix que M. Jacques Boulenger a bien voulu attacher à mes travaux dans Renan et ses critiques ne m'interdira pas de manifester mon estime pour cette étude. Il ne pouvait m'empêcher davantage d'en combattre les conclusions sur un point particulier où elle me donne tort sans me convaincre. Je veux parler d'une certaine idée sur les Bretons que Jacques Boulenger n'admet pas et qui me demeure chère. Je m'en suis librement expliqué dans Candide (1). Cette question n'occupe qu'une place restreinte de son volume, dont la majeure partie est consacrée à des vues générales sur Renan, son tour d'esprit, son œuvre, vues que je pourrais à plus d'un égard, nuancer d'une autre manière, mais dont j'apprécie dans l'ensemble la belle justesse, la ferme largeur, l'élégante expression.

*
* *

Ce suffisant accord de nos sentiments sur le sujet implique le même accord sur les positions et méthodes des auteurs qui l'ont touché avant nous ou simultanément à nous. Ainsi approuvé-je en particulier l'examen auquel J. Boulenger a soumis ce

(1) *Y a-t-il une âme bretonne ?*, dans *Candide,* 24 janvier 1926.

6

que M. Henri Massis dénomme son « jugement » sur l'auteur des Origines du
christianisme. Il y avait longtemps que ce
« jugement » me paraissait appeler, moins
en lui-même et dans ses tendances qu'au
point de vue du procédé critique adopté
pour le justifier, quelques remarques utiles
à tous, utiles à la bonne règle des lettres.
Ces remarques, Jacques Boulenger nous les
propose avec netteté. Je voudrais les étoffer
de mes propres observations.

Jacques Boulenger y a mis le courage
d'un vrai chartiste. Le « jugement » de
M Massis est appuyé sur un très grand
nombre de citations de Renan, au moins
une centaine. Chose à peine croyable : toutes
ces citations sont sans référence, à l'exception
de deux ou trois, dont une est, d'ailleurs,
référée à faux. Quel plus inquiétant symp-
tôme ? Nul écrivain tant soit peu exercé
aux travaux érudits n'ignore combien c'est
chose délicate que de citer exactement ce qu'on
cite surtout quand on cite beaucoup et
quelles précautions il faut prendre pour se
garer contre les méprises de lecture. Comment

un esprit qui n'a même pas eu la patience de relever sa source aurait-il eu celle de bien lire son texte et de le transcrire avec une fidélité absolue ?

De plus il n'y a pas seulement la lettre des textes ; il y a le sens qu'on leur prête ; il y en a l'interprétation que le lecteur doit être loyalement mis à même de contrôler. Nous ne concéderons pas à M. Massis un crédit que nous sommes loin de réclamer pour nous-mêmes. Nous voulons contrôler. Or c'est le diable. Renan a laissé quarante volumes. Retrouver dans ces quarante volumes cent citations dont rien ne nous indique où elles sont prises demanderait quinze journées de travail. — Jacques Boulenger a fait les recherches pour deux d'entre elles. Je dis que c'est un vaillant.

Le résultat de ses recherches a été le suivant (Renan et ses critiques, p. 113) : Dans un endroit où Renan exprime une idée sujette à controverse, mais forte, et constate, d'autre part, un fait qui crève les yeux, les suppressions et altérations de Massis aboutissent à lui faire tout bonnement énoncer une niaiserie. Sans mauvaise foi, mais par une pente bien connue des psychologues, l'erreur de Massis s'est produite dans le sens de sa passion.

** **

La vaillance est contagieuse. A mon tour, j'ai voulu mettre le nez dans les citations du « juge » de Renan, citations qui, je dois le dire, m'avaient inspiré une suspicion générale dès ma première lecture, déjà un peu ancienne, de son écrit. Je n'en avais alors vérifié aucune. On va voir si mes pressentiments me trompaient. Je me contenterai aujourd'hui de peu d'exemples attrapés au vol.

A la page 23 de Jugements, on trouve un long texte, emprunté aux Cahiers de Jeunesse (p. 351) et que M. Massis qualifie de « confession sacrilège ». Renan vient de se confesser. « Je suis fort content, écrit-il, quoiqu'un peu troublé. Il semble que je sois tout dépaysé. J'ai parlé très nettement à Jésus, dans l'hostie ; car je ne peux me figurer, après avoir cru si longtemps, qu'il n'y ait qu'un pain ordinaire. C'est là un fait psychologique très remarquable : à la lettre, je n'ai pas pu me le figurer. Mais j'ai mieux aimé parler encore à Jésus de l'Evangile : oh ! cette fois-là il m'a percé, et j'ai vu dans quelle étonnante position j'étais vis-à-vis de lui. C'est le seul homme devant lequel je me ploie... » Suit une effusion de piété et d'adoration dans laquelle les ciseaux de M. Massis coupent une douzaine de lignes particulièrement tendres (je reconnais que des points suspensifs nous avertissent de la coupure) et propres à faire juger un peu bien pharisaïque, ou peut-être littéraire, ce gros mot de « sacrilège » ! C'est un point délicat sur lequel je ne dois pas avoir d'opinion. Mais il faut croire que M. Massis n'a pas trouvé assez évident par lui-même le caractère sacrilège de cette confidence, puisqu'il a inventé, pour la rendre plus odieuse à ses lecteurs catholiques, qu'elle était datée du séminaire (il a souligné ces mots) et que c'était un « jeune Sulpicien » qui trompait son entourage et lui-même sur son attitude vraie à l'égard des objets les plus sacrés de la foi.

La vérité est que le morceau n'est daté de nulle part. M. Massis a eu une hallucination de lecture. Et s'il avait seulement feuilleté le volume qui le contient, il se serait rendu compte que le morceau a été écrit par Renan déjà laïque et maître d'études à la pension Crouzet. En explorant un peu mieux le sujet sur lequel il tranche, et en s'informant comme il faut, il aurait connu que Renan, sous l'inspiration d'un genre de foi assurément fort hétérodoxe, fréquenta quelque temps les sacrements après avoir quitté la soutane.

A la page 50 des Jugements, j'ai été stupéfait d'apprendre qu'au moment des dernières hésitations de Renan avant de sortir du séminaire, Henriette lui avait écrit « sur un ton qui commande » cette phrase roide et vraiment insultante : « Pas de faiblesses, plus de fautes morales. » C'est M. Massis qui souligne le mot plus. On voit dans quelle posture humiliée cette phrase met celui à qui elle est adressée, et quelle mésestime pour son caractère elle suppose de la part d'Henriette. Je défie Massis de nous citer la page des Lettres intimes où il l'a lue. Et je lui envoie d'ailleurs ce défi avec toute l'indulgence que mérite l'état d'esprit d'un homme capable, non seulement de prêter à quelqu'un une phrase qu'il n'a ni écrite ni pensée, mais de souligner un mot dans cette phrase comme particulièrement significatif. En effet, ce plus l'eût cruellement été.

Henriette parle quelque part de « fautes », mais de fautes pratiques, de fautes contre la prudence mondaine. C'est un pas terrible pour ce jeune homme sans aucune expérience que de quitter l'Eglise et d'entrer dans le siècle. Il y a des impairs à éviter pour concilier la récupération pleine et entière de sa liberté avec les grands égards dus aux bons maîtres dont c'est pour lui un devoir de se séparer. Voilà de quel genre de « fautes » il s'agit.

M. Massis a raison de dire qu'il n'y a pas eu chez Renan de déchirement mystique. Sa foi, qui n'était pas nativement vigoureuse, s'était usée peu à peu au cours de ses quatre années d'études cléricales. Mais il le calomnie en disant que, quand il envisageait avec effroi la rupture, la question économique, la question du pain était seule à le préoccuper. C'est celle à laquelle il a le moins pensé, grâce notamment à Henriette, dont il savait les économies à sa disposition. Ce qui l'a tourmenté au delà de tout, c'est la terreur de la peine à infliger à sa mère toute croyante et pieuse. Ce grand souci se répand dans des pages et des pages de sa correspondance avec sa sœur. On n'a pas idée des raffinements de diplomatie auxquels il recourt à seule fin de ménager les sentiments de la vieille Bretonne. Il faut croire que toutes ces pages ont échappé à M. Massis, puisqu'il ne souffle pas mot de l'inquiétude filiale qui tortura le jeune clerc pendant toute cette crise si dure, où il ne veut voir encore une fois que la « question économique ».

Vraiment, tout cela est-il bien joli ?

Je m'en tiens là. Je ne dirai rien notamment de citations empruntées à mes propres ouvrages et dont M. Massis fait des applications désavouées par le contexte. Je ne mets pas en cause sa bonne foi. Je lui demande seulement si, poursuivant les plus nobles desseins de prosélytisme religieux et métaphysique, il ne les servirait pas plus utilement dans la grande voie lumineuse des idées et des considérations humaines générales, que dans les sentiers détournés, contournés et trop chers à son goût, de la dissection psychologique malveillante de l'individu. Je dis cela pour Renan. Je le dis aussi pour Barrès, objet, dans le même volume, d'un autre « jugement » que je ne connaissais pas et qui m'a fait de la peine pour Massis. La chasse aux tares humaines est facile, o Massis, et l'on est toujours sûr d'en rapporter du gibier. Je crois toutefois que des hommes qui n'ont pas accompli exactement vos évolutions ni tout à fait abordé aux mêmes rivages que vous peuvent encore mériter votre précieux respect par les côtés nobles du caractère et avoir quelque chose à vous apprendre par la pureté d'une pensée exempte d'intrigue et qui ne cherche à prévaloir que par ses propres moyens.

Pierre LASSERRE.

TABLE DES MATIÈRES

ACHEVÉ D'IMPRIMER SUR LES PRESSES
DE L'IMPRIMERIE ALENÇONNAISE,
9-13 RUE DES MARCHERIES, ALENÇON (ORNE)
POUR LA LIBRAIRIE « LE DIVAN »
LE 30 SEPTEMBRE 1926

www.ingramcontent.com/pod-product-compliance
Ingram Content Group UK Ltd.
Pitfield, Milton Keynes, MK11 3LW, UK
UKHW022048170726
13837UKWH00002B/846